Passo dopo passo

Passo dopo passo

da Bruna Gandola Zambra

Prima Edizione

© 2015 Bruna Gandola Zambra

Collaborazione lessicografica: The Typothecary Ltd.
Newcastle-Upon-Tyne

Bourbon & Pierce, Publishers, London

22 Notting Hill Gate, London

ISBN 978-0-9800323-6-9

Printed in the United Kingdom

Premessa 3
In quei tempi 5
Sopraggiunse la guerra 7
Cinquant'anni della mia vita 8
La filodrammatica 10
In paese 12
La Pesa Vèegia 13
    Vuraria *14*

La Moto 16
Il fiume 18
Gli amici 19
La Macchina 21
Giugno 1973 23
Margherita 24
Fratelli 25
Cugini 26
Novembre 1973 27
La pensione 29
1983 Il trasloco 31
Il nostro terrazzo 33
Iolanda 35
Al Meridiana 36
Il Rex 37
Il 1988 39
Gli ex ragazzi Vitali 40
La tranquillità 41
La battellata 42
Domenica, il dicembre 1994 44
    Sottovoce *46*

Careno, il mio paese 47
    Dedicata a Careno *50*

Il lago, un caro amico 51
I miei primi ottant'anni 53
Il "messaggio" della camelia 55
Il tempo 58
Pranzi e cene ... all' aperto 60

L'archivio dei ricordi 61
Famiglia di donne 62
"Lo spiritello della ribellione" 63
Mio padre 65
La mamma 67
   A mia Madre 68
I fratelli scomparsi 69
   A Marino 69
   A Diego 70
   A Silvano 71
   Per Mara 72
   A Silva 73
Per mio marito 74
   Cercami 74

Bruna Gandola Zambra risiede nel suo amato paese dopo aver trascorso circa quarant'anni fuori sosta per motivi di lavoro "facendo sosta' unitamente al marito a Bellano per oltre trent'anni.

A mio marito alla Famiglia agli amici

Avrò una sedia ai confine del cielo
E così, seduto aspetterò il giorno
E dopo il giorno, la note
E avrò una nave che cavalcherà il mare
E dopo il mare vedrò la terra
Quando sarò cavallo
O cuore
Oppure, il vento, solamente

(ANDREA VITALI)

Premessa

Da diversi anni dopo la dipartita di mio marito vivo sola, lui era il mio punto di riferimento, il compagno con cui parlare scherzare litigare... per poi far subito pace.

Quando mi ha lasciato per sempre mi sono sentita come la classica canna sbattuta dal vento.

Dopo di allora vivo a Careno nella nostra casa ora "impregnata" di ricordi.

In questa casa sono stata felice finche il mio uomo era con me adesso "mi nutro" di memorie ed ho pensato di metterle sulla carta per riviverle, per piangere e ridere da sola dialogando coi miei amati fantasmi.

Lungi da me l'idea di scrivere qualcosa che possa assomigliare anche lontanamente ad un "breve romanzo" non ne sono all'altezza e nemmeno una biografia che possa interessare più di tanto.

Lo faccio per mio uso e consumo e passatempo, ma, oltre a ciò, questi miei pensieri scritti in ordine sparso, così come mi tornano in mente vogliono essere "un omaggio" per parenti e amici che da una vita mi stanno vicino e se qualche nome o episodio mi sfuggirà non sarà perché li ho messi nel dimenticatoio è solo che le rotelle della mia testa andrebbero sostituite ma sappiate, cari amici che dentro al cuore, ci siete tutti e la mia gratitudine è per coloro che hanno avuto per me gentilezza, parole di conforto e comprensione, nel momento incui cui, da sola , non sarei riuscita ad andare avanti.

Ciao a tutti

Un grazie sentito a
Tamara per avermi
"aiutato" a far rivivere
parte dei miei ricordi.

In quei tempi

Sono nata a Careno, un piccolo paesino sul lago di Como, il 24 Gennaio 1922 da mamma di Pognana e padre Carenese. Mi hanno chiamata Bruna Giovanna e sono la prima di cinque fratelli. Da piccola ho vissuto a Torriggia (sulla sponda di fronte a Careno) coi miei genitori e fratelli Diego, Gianmario e la sorellina Rita che è deceduta dopo pochi mesi di vita.

Mentre mia madre gestiva un piccolo bar e accudiva i figli mio padre ogni mattina attraversava il lago con una piccola imbarcazione affusolata "il sandulin" che portava una sola persona, per recarsi in cava in località Mulesèel. La cava si trova sulla sponda di Careno dove c'è la cava di sassi del nonno paterno, dove lavoravano mio padre e i suoi fratelli che venivano definiti "picapreda" (spaccapietre)...

Da grossi massi ricavavano belle pietre "squadrate" per fabbricazioni che trasportavano, via lago col barcone (cumbaal) alle varie destinazioni. Allora non c'erano mezzi meccanici, il lavoro veniva eseguito a mano.

Siamo tornati a Careno quando avevo sei anni, la mamma da sola non ce la faceva più ma tanto per non perdere il ritmo, ci regalo un paio di fratellini: Marino nato nel 1929 e Silvano nato nel 1932.

In quei tempi si viveva in ristrettezze anche se i nostri genitori si davano da fare per non lasciarsi mancare il necessario, il papá oltre al suo lavoro pescava e ... cacciava... una risorsa preziosa per quell'epoca.

Noi ragazzi dopo le elementari abbiamo iniziato a fare dei lavoretti qua e la mentre "passo dopo passo" crescevano anche i nostri piedi che avevano il permesso di portare le scarpe solo di domenica e nelle feste (comandate) per tutti i giorni zoccoli e peduli, durante l'estate a piedi nudi.

Io, ormai signorinetta, avevo trovato lavoro nello stabilimento di tessitura a Nesso ed ero fiera di portare a casa la mia busta paga.

Sopraggiunse la guerra

Nel febbraio del 1942 muore il mio bellissimo fratellino Marino di solo 13 anni per un male improvviso... Nel giugno dello stesso anno affondó nelle acque del mar Jonio l'Incrociatore Trento e con lui il caro cugino Umberto aspirante Guardiamarina, aveva 22 anni, ma, un altro dolore era nell'aria; la scomparsa di mio fratello Diego, vent'anni, ucciso dai partigiani di Tito con altri venti giovani dopo solo quindici giorni che si trovavano in Croazia !

L'altro fratello, Gianmario era in Germania, tornato in Italia per una ferita alla gamba.

In seguito era rimasto nascosto sui monti con altri ragazzi in attesa che si calmasse la bufera almeno lui si è salvato.

I disagi, lo scompiglio, il dolore che porta una guerra si può capire solo chi li ha vissuti... un'esperienza terribile il cui doloroso ricordo rimane sempre nel cuore.

Con le poche risorse rimaste ricominciammo a camminare faticosamente passo dopo passo.

Cinquant'anni della mia vita

È il 24 del 1972, il giorno del mio compleanno !

Nello specchio del tempo sono riflessi cinquant'anni della mia vita. Mi chiedo se sono soddisfatta per come li ho trascorsi... non lo so..

Come ogni creatura che nasce e impara a poco a poco a conoscere la vita è stata un insieme di gioie, dolori, delusioni, speranze.

Un faticare ogni giorno per "imparare" a vivere: la scuola, il lavoro, i primi filarini, i turbamenti... ma poi l'uomo giusto per me che ho sposato il dicembre del 1948 a guerra finita.

Prima di stabilirci in alto lago, dove tuttora risiediamo io e mio marito lavoravamo nel Ticino in un locale notturno, lui, avendo frequentato la scuola alberghiera, in qualità di cameriere, io "tutto fare" dalla cassiera, guardarobiera a secondo del bisogno. Se il lavoro era abbastanza complesso, per vari motivi, in compenso la soddisfazione è stata grande per aver conosciuto personaggi molto interessanti quali scrittori, musicisti, attori famosi e registi di cinema!

Tutti gli anni in quella bellissima cittadina si svolgeva il Festival del Cinema e in quel locale si festeggiava la chiusura con un gran ballo.

Entrando in contatto con gente tanto diversa (sia pure per motivi di lavoro) è stato per me come spalancare una finestra su un mondo sconosciuto... allargare gli orizzonti. Per una come me con le idee inamidate, che non aveva mai visto nulla di fuori del "suo" lago e montagne, l'apprendere che la vita poteva offrire occasioni diverse con possibilità di scelta (senza pensare neppure lontanamente di diventare famosa come quei personaggi) mi faceva sentire pronta ad eventuali cambiamenti, soprattutto nell'affiancare mio marito nelle sue decisioni che, al contrario di me, affrontava ogni cosa con grande determinazione.

Dopo diverse stagioni di questo lavoro sentivamo comunque il desiderio di fare qualcosa per conto nostro, avere un'attività anche piccola in Italia.

A Bellano in alto lago di Como c'era un Bar con rivendita "Sale e Tabacchi" che aspettava nuovi gestori... per anni ci impegnammo senza mai avere un giorno di chiusura, ala fine alquanto stressati decidemmo di trovarci un lavoro che ci lasciasse un po di respiro. Nella mente di mio marito si accese il lumicino delle risorse:

riuscì a creare dal nulla un negozietto con articoli vari inclusi quelli di caccia e pesca, una specie di Bazar in miniatura.

Siamo ancora insieme a mandare avanti la baracca, come tutti i lavori anche questo ci crea problemi ma siamo soddisfatti.

La cosa straordinaria è che, alla domenica si chiude e ci sentiamo un po più liberi. Qui siamo di casa e ci troviamo bene, conosciamo molta gente e ci vediamo spesso coi nostri famigliari.

La filodrammatica

Ci ritroviamo cogli amici, ogni volta che ci è possibile, nei crotti caratteristici (famosi quelli di Giacomina e di Maurino) ma anche alla Trattoria del Ponte, da Carisio dove ci deliziano cibi genuini e vino sincero.

Mio marito è una persona molto sensibile e comprensiva.. ha capito che il solo lavoro non mi soddisfa e mi lascia uno spazio tutto mio che uso per fare cose diverse: nulla d'importante ma molto rilassanti. Tra l'altro faccio parte della compagnia "Filodrammatica Tommaso Grossi" e spesso ci rechiamo nei paesi limitrofi a dare spettacolo con notevole successo che festeggiamo nei ritrovi di Bellano facendo le ore piccole.

Tra il gruppo c'è amicizia e complicità e a volta gli imprevisti ci portano a vivere situazioni divertenti come quella volta che :

eravamo in un paese della Valsassina per una recita, tra me e il mio partner si svolgeva un dialogo romantico tra un rumoreggiare di tuoni per un temporale in corso... Sul più bello rimaniamo al buio, restiamo per qualche attimo in silenzio sperando in un sollecito ritorno di luce che tarda ad arrivare... quando della platea giunge una voce:

"vogliamo sapere come va a finire!".

Poco dopo qualcuno arriva con delle candele che rimangono accese per tutto il resto della serata permettendoci di portare a termine la commedia...galeotto il temporale mai scena d'amore fu così romantica.

In paese

Affetto e simpatia ci lega alla famiglia della signora Cereghini Maria e al suoi figli Beppe, Carmen ed Edvige, quest'ultima sposata ad Antonio Vitali (prezioso per il comune di Bellano) ha messo al mondo sei figli, quattro maschi e due femmine. Noi che di figli siamo privi li facciamo un po nostri e spesso sono da noi e viceversa. I maschietti un po contagiati dal Nani, mio marito, imparano a pescare le trote nel fiume. Sovente siamo ospiti coi ragazzi dalle loro zie paterne che abitano appena sopra Bellano, persone generose di una dolcezza incredibile, come si mangia da loro è qualcosa che non si può dimenticare per la genuinità del cibo e per come viene cucinato.

Siamo sempre in buoni rapporti con gli ex clienti del bar e con le loro famiglie.

La Pesa Veègia

La notte del 5 gennaio di ogni anno si rivive una tradizione di antica memoria per la quale tutto il paese è in festa.

E la ricorrenza della pèsa vèegia (pesa vecchia). Questa manifestazione vuole ricordare un fatto accaduto nel lontano 1861, l'anno della proclamazione del Regno d'Italia, quando il brevetto comunico a tutti i Sindaci della provincia di Como che sarebbero state abolite le "vecchie misure" alfine d'introdurre l'uso del sistema metrico decimale a iniziare dal primo gennaio del nuovo anno. Da quella notizia gli abitanti che da tempo infinito usavano gli stessi pesi e misure rimasero sconcertati.

A quel punto si recarono in municipio per far valere le loro ragioni e riuscirono a convincere il Sindaco che penso bene d'inviare una delegazione a Como dal Prefetto allo scopo di ottenere una proroga onde avere il tempo d'imparare ad usare le nuove misure !

Ecco dunque partire dal molo di Bellano gli incaricati con una barca diretta appunto a Como.

Era il giorno cinque gennaio di quell'anno... per tutto il giorno i Bellanesi ne attesero il ritorno e quando finalmente verso sera avvistarono l'imbarcazione, mentre al avvicinava alla riva, parti un grido di domanda: "pèsa vèegia o pèsa nova" ? Alla risposta :

pèsa veegia... la gente iniziò a cantare e a ballare percorrendo le vie del paese formando un corteo ... una festa che durò e ,dura tuttora, ricordandola ogni anno, fino al mattino.

Durante la sfilata del corteo si sosta in ogni bar e osteria dove viene offerto gratuitamente da bere a tutti, specialmente "vin caldo" mentre i Re Magi, a cavallo, lanciano passando caramelle tra la gente. Un divertimento unico, una baraonda incredibile durante la quale succede un po di tutto... una buona occasione per i baldi giovanotti che cantando a squarciagola:

"Teresa di pom la fa la fruttirola... con quel che segue" tentano, di accarezzare "il fondo schiena delle ragazze"!

VURARIA

Vuraria vess pittur,
Fissà su la tela i tò bej culuur per fermaj nel temp
insema ai mè ricoord, i mè sentimeent.
Vuraria vess pueta e mùsicista
per dedicat i pùsee bej strufett
cumpagnàa da la musica del tò dialett
e, cumè'na luserta che sa scalda al suu
fermam su la riva del Piuverna
guardà l'acqua che sbrisiga tra i sass
lassam ninnà de l'eterna canzun del fium
che'l va senza mai fermass.
Sètam in un siira d'estaa
sul murett de'la piazzetta del Tummas
sentì su la pell la carezza del bellanasch
respirà ul silenzi de'la nocc in santa pàas.
Vuraria insema a la tua geent
riviv quela bèla storia che dura nel tèemp,
girà tutta nocc pej straad in attesa dei Re Magi

che 'rivan da l'urieent,
taja cul naas l'aria fregia,
ritruvam ne l'atmusfera de allegria e baldoria
de la "Pesa Vegia".
Risentì quel mutivett cumè in un sögn
... Teresa di pom... Teresa di Pom ...
VURARIA
Ma ul temp che passa al fa dann,
al ma rubaa i ann pussee bej
in cambiu al ma regalaa fastidi, affann,
me gh'è un quajcoss che'l pudarà mai purtam via,
un quajcoss che tegni ben scundun dent al coor:
i ricordi e la nustalgia del mè Bellan.

La Moto

Ho sempre avuto problemi d'intolleranza viaggiare in veicoli chiusi per cui, il nostro mezzo dl trasporto è la moto. Mi piace molto girare con mio marito in motocicletta specialmente quando costeggiamo il nostro bel lago e durante le gite in montagna. Gli occhi mai stanchi di ammirare i colori della natura che si rinnovano continuamente ne raccolgono tutte le sfumature... la bellezza.

Il rovescio della medaglia è che sovente ci coglie per strada il temporale... violenti scrosci si rovesciano su di noi senza nessuna pietà inzuppandoci da capo a piedi, non si contano raffreddori, dolori alle giunture e rischi vari per cui, dopo venticinque anni di (motoviaggi) mio marito ha deciso di prendere una macchina.

A detta del medico "se io guidassi la macchina" non dovrei più avvertire "il male di viaggio" e lui si è messo in testa di darmi le prime nozioni colla moto (come dice lui) :tanto per imparare a tenere la strada.

Il fattaccio è successo quando ancora gestivamo il Bar Roma. Lasciata mia madre (che era ospite da noi per qualche giorno) dietro al bancone, partiamo nel pomeriggio colla vespa nuova di zecca verso la Valsassina, io alla guida mio marito dietro... mi dà istruzioni. Partenza dolce, lui, ottimista: dai che vai bene... tranquilla, ora cambia marcia...io, inorgoglita ma confusa al massimo ho toccato qualcosa che non dovevo... la moto incavolata si è drizzata in piedi guardandomi imbestialita prima di adagiarsi rassegnata, su di un fianco. Il tutto è accaduto in un attimo, mi volto spaventatissima in cerca di mio marito, era seduto per terra a pochi metri di distanza, sul viso un'espressione indecifrabile.

Avrei voluto sprofondare per averlo deluso. Lui si rialza, grazie al cielo non si è fatto male, rimette in piedi la vespa che ormai aveva ben poco di nuovo, prova ad avviarla, funziona! Come se nulla fosse accaduto mi sprona a riprovare, rispondo: mai più. Lui insiste, io pure, ce ne torniamo indietro, io vergognandomi come un ladro, (quando si vergogna) lui senza più dire una parola... la moto in ospedale a farsi medicare. Dopo di che guido solo la barca a remi!

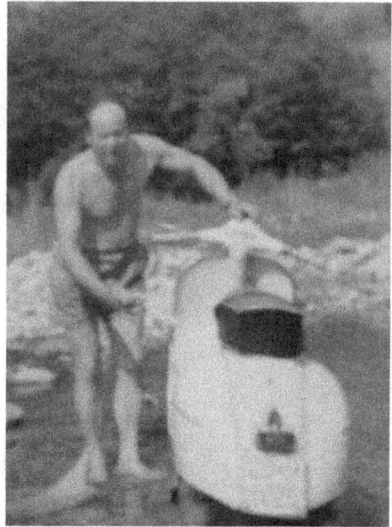

17

Il fiume

Ha qualcosa di magico posso stare a guardarlo per ore senza stancarmi, costeggiarlo, immergermi d'estate nelle fresche acque trasparenti, tutto ciò mi da un piacere incredibile.

Il mormorio dell'acqua che scorre continuamente è come una voce "narrante" storie di paesi che saluta passando, luoghi che attraversa ogni giorno durante il suo inarrestabile "andare".

Ci dice : quanto sono belli i caprioli che saltano di roccia in roccia e le marmotte, quando mettono fuori il muso dalla tana... a lui nulla sfugge, racconta meraviglie, di come nasce un fiore, di albe e tramonti di cui abbraccia gli stupendi riflessi e giochi di luce che tra le sue acque si trasformano, come per magia, in gemme preziose.

Ma è anche il paradiso dei pescatori di trote tra i quali, mio marito che ogni volta che dispone di un po' di tempo libero se ne stà tranquillo a pescare isolandosi da ciò che turba la mente come se l'acqua nello scorrere portasse via i pensieri negativi.

E tra i suoi doni come dimenticare la gustosa insalata che nasce spontaneamente nelle pozze del fiume stesso e cresce fino ad affiorare alla superficie formando tenere aiuole di un verde pallido; è squisita, ha propieta benefiche a si chiama, appunto, crescione.

Gli amici

Se non ci fossero bisognerebbe inventarli. Sono la famiglia al di fuori della famiglia ma spesso così "dentro" da sostituire i propri familiari nelle occasione più disparate !

Passiamo con loro molto tempo libero. La nostre scorribande iniziano nelle prime giornate di primavera e si protraggono per tutta la stagione estiva e parte dell'autunno. Passeggiando per boschi e prati raccogliamo fiori stupendi asparagi selvatici insalata di fiume, fragoline.

Quasi ogni domenica sono con noi i carissimi cugini Lucio, Edda con i ragazzi Sergio e Maurizio, siamo molto affiatati con loro per cui lo stare insieme è un piacere e un sicuro divertimento ! Quando decidiamo di fermarci al fiume c'è tutto un programma

da svolgere: Il Nani, mio marito, deve pescare le trote che
quando vengono prese, gustiamo gratinate sulla brace dei falò. Al
di la di questo ci portiamo da casa cibarie assortite e abbondanti.
Lucio con la famiglia viene da Como, ogni tanto vengono anche i
loro vicini di casa e l'allegria aumenta, né ci spaventa più di tanto
qualche improvviso temporale.

Passatempi vari e interminabili partite a bocce nel prati
c'impegnano non poco e sempre un po' di malinconia ci assale
quando la giornata sta per finire !

Il fatto di essere a contatto colla natura, di capire quanto sia
meravigliosa nei suoi mutamenti ascoltare il canto degli uccelli
l'eterna canzone del fiume ci da la sensazione di far parte di tutto
ciò provando anche un senso di libertà incredibile.

Spesso avviene che : della riserve alimentari portate da casa, per
quanto abbondanti, rimanga ben poco per la cena ma troviamo
sempre in qualche trattoria qualcosa da mettere sotto ai denti.
Non importa cosa... può essere polenta riscaldata sulla piastra
della stufa a legna che per quanto abbia un sapore (un po'
affumicato) ha un suo
"fascino" ed è introvabile,
negli alberghi.

Questo per dire che al di là
di tutto , il nostro intento, è
di prolungare il piacere di
stare insieme.

Il bagno nel fiume prima di tornare a casa, per Sergio e Maurizio
è ormai un'abitudine... ci pensa Lucio a "strofinarli" per bene...
sono pronti per una bella dormita e noi con loro...
Ciao ... alla prossima !

La Macchina

Ad iniziare da 1973 giriamo con una cinquecento usata ! Il Nani guida con prudenza... va molto piano e prende le curve dolcemente. Ogni tanto si ferma e mi fa scendere a prendere una boccata d'aria. A poco a poco mi sto abituando all'idea di viaggiare in macchina anche se faccio un po fatica a sopportare il malessere, ma, devo convenire che è più comoda e confortevole della moto e dopo innumerevoli acquazzoni che hanno inzuppato le nostre ossa è giocoforza che mi adegui. Ho l'impressione che mio marito prendendo una macchina usata speri in un mio ripensamento al fine di riprovarci colla guida... non sarebbe così disastroso se lo facessi e con una manovra sbagliata di nuovo, ammaccassi una vecchia cinquecento... ma io non ci casco, ignoro i suoi messaggi e continuo a guidare "la barca a remi".

Quando finalmente ha capito e accettato il fatto che sono irrecuperabile, ha preso una macchina nuova, così che spesso e volentieri gironzoliamo abbastanza tranquillamente ! Ora con un tetto sopra la testa andiamo al fiume anche quando piove, se poi sono in corso le gare di pesca alla trota, non badiamo al tempo. Qualche volta ci troviamo la cugina Renata col marito Diego, anche lui pescatore e mentre gli uomini tentano di accalappiare le povere trote, noi due, dopo tanto che non ci si vede, iniziamo a ciacolare e a tirare in ballo i ricordi di quando eravamo ragazze giovane a belle !!!

Dalle gare di pesca il Nani ne esce sempre bene, conservo, tutti i suoi meritati premi e tempo fa è stato pubblicato un articolo sul giornale "La Provincia" con tanto di foto per aver pescato due trote "fuori dal normale".

Giugno 1973

Si preannuncia un'estate calda e luminosa, iniziamo a far progetti e a contattare amici e parenti per viverla " insieme ". Siamo abbastanza euforici all'idea delle prossime scampagnate, ma, una doccia gelata spegne il nostro entusiasmo lasciandoci in un doloroso sbigottimento ! Edvige, la mamma dei ragazzi Vitali ricoverata in ospedale per un serio malore, che si sperava risolvibile, è deceduta nel giro di una settimana... aveva 48 anni e lascia il marito e sei figli !

Nello smarrimento totale cerchiamo di stare ancora più vicini ai ragazzi e al loro padre consapevole che davanti ad un dolore del genere si può fare ben poco. Sono momenti che non potremo mai dimenticare anche se, questi ragazzi ed il loro papá, con una forza d'animo incredibile se pur faticosamente, riprendono a camminare, passo dopo passo, sulla strada della vita.

Io e il Nani cerchiamo di distrarli ma è un'impresa difficile, non ci resta che sperare nel tempo medico.

Margherita

Margherita, detta Tita, è tra le prime persone che abbiamo conosciuto arrivando a Bellano. Essendo del posto conosce un po' tutti e tutto del paese. Anche lei è molto affezionata ai ragazzi Vitali. Definire la sua personalità non è facile: un po menefreghista ama parlar chiaro senza giri di parole... spara a zero su tutto ma è anche servizievole, generosa, altruista. Ogni tanto litiga con mio marito per motivi più disparati, ma tutto finisce bene ed è spesso con noi in casa e fuori.

Scoprire negli amici un pizzico di non completa normalità, in parole povere (un tantino fuori dalle regole) ce li rende maggiormente simpatici e spesso ci troviamo con loro, sulle stessa lunghezza d'onda !

Fratelli

Gianmario ha tre anni
meno di me, sposato con
una donna di Faggeto,
Bruna, hanno due figlie :
Manuela e Moira.

Lui è capitano e naviga coi
battelli sul nostro lago.

Silvano ha sposato una
ragazza Olandese, Diana,
anche loro hanno due
bambine : Tamara e Nadia
, risiedono in Olanda ma
tornano ogni anno a Careno per le vacanze. Con loro ho un
rapporto di ... fratelli... non manca qualche incomprensione per
diversi punti di vista ma credo che ciò sia nella normalità, qual
che più conta è che ognuno sia "in armonia" colla propria
famiglia nel rispetto delle altrui opinioni richiamando alla mente
il ricordo di una madre che ci ha allevati, inculcandoci quei
valori che "tirati" fuori al momento giusto fanno andare le cose
nella giusta direzione !

Cugini

Sopra Bellano, sulla strada che porta in Valsassina, il paese è
Parlasco, c'è la residenza estiva dei cugini, Meri e Giulio
circondata da piante e fiori e siepi sempreverdi... è facile
fantasticare che tra questi ci siano gnomi e folletti che ci spiano...

Non diciamo mai di no ai loro inviti come non diciamo mai di
no quando ad ospitarci sono Mila (una sorella di Meri) e il
marito Galliano nella bella villa di Colico dove abitano coi figli
Franco e Graziella. Considero queste mie cugine colle altre tre
sorelle che risiedono a Laglio, Ines, Rosita e Nene, un po come
mie sorelle ed è sempre un piacere quando ci è possibile passare
un po di tempo insieme. Soprattutto io, ho un sacco di cugini coi
quali abbiamo, mio marito ed io, un rapporto di affetto e
amicizia.

A turni ci affiancano nelle nostre scorribande, qualcuno "spicca"
tra gli altri per le sue "stramberie" uno di questi è Pierangelo
detto "Bobo" dal bel culino... è lui stesso a definire così, il suo
fondo schiena... è il marito della cugina Dolores, averlo insieme è
uno spasso, per le cavolate che combina e i ragionamenti
strampalati che portano fuori dalla realtà.

Sarà l'atmosfera magica del creato, sarà il senso di libertà che si
prova ogni volta a contatto con la natura che ci fa desiderare di
dividere il tutto con parenti e amici ... quando non si fanno
avanti loro siamo noi a contattarli. E un piacere quando arriva il
fratello del Nani colla moglie Nini. O se arrivano i nostri altri
amici: don Giovanni (il parroco che ci ha uniti in matrimonio)

con Pierina. Marita, fin da piccola ci è amica, Marcello e
Antonia... quest'ultima ci è stata di grande aiuto quando ancora
gestivamo il Bar Roma (allora era una ragazzina tutta pepe e
simpatia), i cugini di Pognana e di Bellinzona ... elencarli tutti è
un po' difficile ma li ho tutti nel cuore.

Novembre 1973

Siamo molto stanchi decidiamo di prendere una settimana di
ferie, è la nostra prima vacanza dopo tanti anni di lavoro.

Prima tappa Careno, Pognana dalle zie , Faggeto da Nini e
Nando.

Secondo giorno con le zie Sina e Linda a Bellinzona: (visita al
cimitero ai parenti che ci hanno lasciato per sempre) rientro in
serata. Per il resto della settimana S. Moritz, la Valtellina, val
Malenco... ci accompagnano a turni alcuni dei ragazzi Vitali,
Mario

e Paolo, Anna e Lella e anche Bruna e Gianmario.

A vacanze finite non siamo molto riposati ma più distesi...

Riprendiamo il lavoro , il tempo scorre in un susseguirsi di
avvenimenti non sempre piacevoli ma "nella normalità"... sarebbe
una noia se tutto andasse sempre liscio !

Ogni estate arrivano Silvano e Diana a Careno e spesso vengono
da noi a Bellano colle bambine ed è una grande gioia averli qui,
appena possiamo ce ne andiamo al fiume ed è uno spasso vedere
le bambine giocare con l'acqua e sguazzarci dentro, ogni tanto ce
le lasciano per qualche giorno, sono molto carine e noi ce le

coccoliamo... Tamara la più grandicella fa le moine con zio Nani mentre la piccolina vuole aiutarmi nelle pulizie.

Anche Manuela, la figlia di Gianmario è stata nostra ospite, sia pure per poco tempo mi ha fatto molto piacere parlare un po' con lei. E una ragazza estroversa, determinata... L'impressione che ho avuto è che se pure molto giovane sia "temprata" ad affrontare ciò che la vita le riserverà.

Come un fiume che non si arresta mai volano i giorni, mesi, anni, siamo già nel 1977 inoltrato, il fatto è che : il tempo passa ma gli anni, purtroppo, ci rimangono attaccati alle spalle !

La pensione

Col trascorrere degli anni le cose, inevitabilmente cambiano. La salute del Nani comincia a "scricchiolare" ed io accuso una grande stanchezza. Si sta facendo strada il desiderio di mollare tutto. A Careno abbiamo una casa (il nostro più importante acquisto coi primi soldi guadagnati subito dopo sposati).

L'amico Valentino sarebbe disposto a ritirare "la baracca" è un ragazzo giovane appassionato di caccia e pesca.

Ci pensiamo e ripensiamo e alla fine decidiamo di lasciare tutto nelle sue mani. E una decisione sofferta alla quale si doveva arrivare prima o poi. Trascorreremo a Careno il resto della nostra esistenza ma, poiché ci spiace staccarci di colpo da Bellano, questa borgata alla quale ormai siamo affezionati ci fermiamo altri tre anni da liberi cittadini. A questo punto inizia un'altra storia, avanti e indietro da Bellano a Careno e viceversa. E il luglio del 1979 quando partiamo per l'Olanda : Diana la moglie di Silvano non sta bene per un serio malore che ci auguriamo e speriamo con tutto il cuore possa superare. Torniamo in Italia dopo pochi giorni, portando con noi Nadia. Sempre in contatto telefonico con Silvano, sembra che Diana vada piano piano migliorando: ci sono volute cure e tempo ma alla fine ne è uscita abbastanza bene tra la soddisfazione di tutti !

Qualche anno di tregua poi un'altra mazzata che m'induce di nuovo a partire per l'Olanda. E il dicembre del 1981, Silvano il mio sfortunato fratello, l'allegro compagnone di tutti è gravemente malato. Rimango un paio di settimane poi me ne torno a casa con la certezza che non lo rivedrò più. Aveva 48 anni quando è deceduto il 25 febbraio del 1982.

Sotto il peso di certe mazzate a volte s'inarcano le spalle al punto tale che è difficile raddrizzarle.

1983 Il trasloco

Abbiamo deciso per il trasloco definitivo a Careno. Un trambusto incredibile col Rex tra i piedi che non capisce più niente...

Apriamo un'altro capitolo, rispolveriamo antiche abitudini e ci adeguiamo al'andazzo del paese che non è difficile visto che qui abbiamo le radici ed è qui che ricominciamo a camminare, passo dopo passo, anche se è un po' malfermo.

Dopo circa quarant'anni di lavoro (fuori paese) in questo piccolo borgo antico mi sento veramente a casa anche se il paese è cambiato : gente nuova, nuovi nuclei familiari, solo dai più anziani si sente ancora parlare il dialetto ma il panorama è sempre stupendo !

La nostra è una vecchia casa ma molto comoda, con terrazza giardino. Si vede un lungo tratto della sponda di fronte e soprattutto il lago! Abbiamo un gran da fare per sistemare il tutto, la casa necessita di ritocchi e Gianmario ci da una mano.

Amo questa casa che sembra fatta su misura per me, ma la cosa più importante è essere con mio marito. Con lui mi sento sicura ed ora che non abbiamo più problemi di lavoro siamo

maggiormente tranquilli.

Diana colle ragazze torna ogni anno per le vacanze ma la tristezza per l'assenza di Silvano è nell'aria e la respirano tutti coloro che gli hanno voluto bene.

I ragazzi Vitali ormai grandicelli arrivano col loro papà nella ricorrenza del natale per festeggiarlo insieme e qualche volta è capitato che nella stessa occasione fossero presenti anche Diana e le ragazze... Natali bellissimi anche se un po' di malinconia è in tutti noi al pensiero delle persone care, scomparse.

Mio marito è bravissimo a preparare pranzetti e cene appetitose, un po' per questo, un po' per affetto e simpatia parenti e amici quando sono nostri ospiti si dimostrano soddisfatti !

Il nostro terrazzo

Il nostro terrazzo confina colla scalinata che porta al lago, d'estate è un via vai di gente che va alla Trattoria del porto per gustare un pranzo a base di pesce (specialità di Antonio, che solo il profumo fa venire l'acquolina in bocca). Oppure si reca al Lido di Porgesa per tuffarsi e godersi il lago ma anche per visitare la chiesetta di San Martino, stile romantico, si tratta di una delle più antiche chiese del Lario. È un mescolarsi di "ciao, buon giorno, buon appetito" di gente che passa di li. È un angolino che attira gli sguardi, invitante induce a scambiare qualche parola. La breva, nelle giornate di caldo accarezza la pelle portando frescura. Le colazioni e cenette sulla terrazza non si contano.

Rivediamo e ospitiamo vecchi amici: da Roma Gigi e Romana, sorella di quest'ultima, Marita, lei è "una di casa" quando eravamo a Bellano veniva spesso a farci visita. Lei c'è sempre, nei momenti belli e in quelli tristi... della Svizzera Lillette e Barnard, i cugini di Bellinzona e quelli di Pognana, Diego, Palmina, è con Piera e Paolo che dopo aver gustato i manicaretti del Nani c'imbarchiamo in accanite partite a "scala quaranta".

Iolanda

A Careno ho ritrovato una carissima amica che da anni avevo
perso di vista. Fin da piccola lei con la sorella Lidia e i genitori
venivano da Milano per le vacanze estive. Il mio "pallino" di
scrivere poesie l'ha incuriosita e interessata al punto che mi ha
spinto a continuare e a partecipare a diversi concorsi: il risultato
di ciò che scrivo è stato apprezzato e in diversi concorsi
"premiato".

Scrivo anche in dialetto... storie in rima che io definisco "I sturiell
de' la laghera" mentre le "poesie" in Italiano, sono per me
(pensieri in libertà).

I motivi per cui una persona decide di scrivere sono molteplici:

Si può scrivere per scaricare la propria tensione, e non pesare
sugli'altri, o per passare il tempo ma anche per un bisogno di
mettere sulla carta sentimenti, sensazioni, ricordi. .. svuotando
l'anima si lascia il posto a nuovi sentimenti ed è una sensazione

bellissima "sentirli" spuntare ! Una trentina di "sturiell de'la
Laghera" sono state pubblicate in un libro dal titolo "L'Umano
Lariano" autrice Angela Zaccaria, mentre Iolanda non molla e
passa i miei scritti al computer e ne fa dei fascicoli e così mia
nipote Tamara che ne ha messi insieme una quarantina che sono
andati a finire nelle mani di amici conoscenti. Dovrei darmi
delle arie...?

Il mio "io" dice che non è il caso è che già troppe arie arrivano da
ogni parte.

Al Meridiana

Da qualche anno
festeggiamo la
ricorrenza pasquale
con Lucio e Edda
pranzando al
"Meridiana" di
Pognana. Essere con
loro come ho già
avuto modo di dire è un spasso unico: Edda è frizzante, ironica
simpaticissima. Abbiamo affittato a lei e marito l'appartamento
sopra la nostra abitazione dove passano l'estate, giochiamo a
bocce sul terrazzo e non tralasciamo nessuna occasione che ci
possa far trascorrere il tempo piacevolmente... ma l'autunno
porta al Nani i primi seri disturbi di salute per cui deve essere
periodicamente controllato, per questo motivo è saltato il viaggio
alle Canarie con Lucio e Edda...almeno loro non se lo sono perso!

Il Rex

È un bastardino dal pelo ramato, occhi furbi, intelligente e
geloso.

È il cagnolino di Manuela che,
sposandosi lo ha lasciato in casa
dai suoi

genitori perché suo marito
Martino aveva altri cani.

Della prima volta che è venuto
con Gianmario in casa nostra a
Careno ha deciso di vivere con
noi ! Vano ogni tentativo di riportarlo a casa si nascondeva sotto
at mobili e nessuno riusciva a stanarlo... in men che non si dica ci
ha adottati, ora viva con noi e, anche se ne combina di tutti
colori, guai a chi ce lo tocca !

È molto geloso di ogni animale che le gira intorno, persino degli
uccelli

che vengono a beccare le briciole sul muretto della terrazza.

A mio marito hanno portato un merlo zoppo (forse caduto del
nido) perché lo curasse, zoppicando cammina fuori in terrazza
tutti i giorni.

Il pranzo del merlo consiste, oltre che briciole, miglio eccetera, in
un impasto di insalata trita acqua e farina gialla... se nessuno lo
vede il cane in un boccone le svuota la ciotola. Abbiamo cercato
di abituarli a stare insieme ma quando credevamo di aver

raggiunto lo scopo e provato a lasciarli soli è successo il finimondo.

Il cane abbaiava furiosamente rincorrendo il povero merlo che per la disperazione è riuscito a volare sul muretto per poi cadere di sotto... inutile le ricerche, il timore è che sia finito in bocca a qualche gatto.

Ogni tanto va a "morosa" e sta fuori anche tre giorni, torna a case sfinito e mio marito che stravede per lui prepara pranzetti speciali per "tirarlo su di giri". Una volta è finito sotto ad una macchina a dovuto essere raggiustato, guarito, ha ricominciato a combinare un guaio dietro l'altro fino a rincorrere le galline nei prati, scavare buche nell' orto e nascondervi i cappellini del Nani e via dicendo...

Ma tra le innumerevoli marachelle ogni tanto fa qualcosa d'incredibile per un cane: è successo il Natale scorso, il Nani era in cucina ai fornelli, eravamo in attesa dei ragazzi Vitali col papà, io stavo finendo di addobbare l'albero quando come un fulmine arriva Rex, si ferma di botto a guardare i pacchettini ben disposti sotto l'albero dimenando la coda, in un attimo sparisce e torna con in bocca una ciabatta di mio marito, sale con delicatezza sopra ai pacchetti, lascia cadere la ciabatta (come se anche lui avesse voluto portare un dono) poi festoso si mette a correre qua e la contento per aver fatto una buon azione.

Questo fatto mi ha molto commossa e mi chiedo fin dove può arrivare la sensibilità e l'intelligenza di una bestiola.
Continuiamo a coccolarlo anche se ci riempie la quotidianità d'imprevisti; non sempre piacevoli!

Il 1988

È qui a ricordarci il quarantesimo anniversario di matrimonio.
Volevamo fare una bella festa ma un incidente di macchina ha
bloccato tutto. Siamo stati tamponati mentre ci recavamo a
Como per le provviste. Mi sono risvegliata in un letto d'ospedale
con una frattura alla spalla mentre il Nani era da qualche parte
con la testa rotta. Mi sono vista Antonia accanto al letto che
avendo, non so come, saputo dell'incidente, si è precipitata per
offrirci, in caso di bisogno, il suo aiuto.

Tutto sommato, per fortuna, ce la siamo cavata ancora bene colle
cure del caso e col tempo ma, niente più festa. Un regalo
comunque l'abbiamo avuto da Padre Amedeo che è venuto a
farci visita ed ha celebrato una messa in casa tutta per noi, l'unica
invitata: Rita.

Questo missionario è un grande amico che riesce a donare
conforto nei momenti più tristi, ne sa qualcosa la cara Liliana che
costretta a letto per una malattia che nulla di buono lascia
sperare riesce a sorridere alle battute di P. Amedeo e ad avere
conforto parlando con lui.

Gli ex ragazzi Vitali...

Sono cresciuti "fisicamente e professionalmente".

Si sono sposati e hanno messo al mondo figli.

Per forza di cose i nostri incontri ci sono diradati ma ci lega un affetto profondo e grande stima.

Abbiamo camminato per un lungo tratto di strada, insieme, passo dopo passo, cercando di "scavalcare" gli ostacoli e "sostando" per goderci il momento in cui una pur piccola gioia ci metteva di buon umore.

Noi ora siamo quasi alla fine del sentiero.

Ripercorrendo a ritroso un tragitto spesso difficile ma non privo di cose piacevoli e diverse esperienze, ricordiamo quel periodo con tanta nostalgia ma siamo soddisfatti e contenti per i ragazzi, per la buona riuscita in tutto ciò che hanno intrapreso !

La tranquillità`

Qui è stupenda, sembra che la vita trascorra col rallentatore ci
adagiamo... ma perciò che riguarda imprevisti dolorosi, nessuno
è escluso.

Improvvisamente è venuto a mancare Nando, il fratello del Nani,
dolorosamente sorpresi non ci resta altro da fare che accettare la
scomparsa. Peggio ancora per Nini, mia cognata, che rimane
sola, è una donna forte, ma ciò non toglie che la solitudine sarà
pesante da portare avanti. Così è la vita, una pedata una carezza,
un 'altra pedata...

Il nostro cagnolino è malato, anche se all 'apparenza è abbastanza
vivace e porta bene i suoi sedici anni, probabilmente dovremo
farlo sopprimere per un tumore che non si può guarire e lo
farebbe soffrire inutilmente ma, mio marito non vuole "sentire
ragione" e tocca a me l'ingrato compito di prendere una
decisione che non può essere che una !

Dopo qualche mese di "indecisione" è venuto il veterinario e
tutto si è tristemente concluso.

La tranquillità di cui sopra non ci dà tanto conforto in queste
brutte circostanze. Per il momento siamo abbastanza agitati e
sconvolti ... questo 1991 non ci è tanto simpatico.

La battellata

Da qualche anno a questa parte mio marito organizza, ogni
settembre, una gita in battello, meta, Bellano, chi vuole può salire
al Santuario della Madonna di Lezzeno (sopra Bellano) a
mezzogiorno si mangia divinamente, da Carisio, alla Trattoria
del Ponte e si torna a casa nel pomeriggio. Sempre più numerosi i
partecipanti. In quanto a noi è ogni volta un piacere grandissimo
ritrovare amici, ex-clienti che venuti a conoscenza del nostro
arrivo passano in Trattoria per un saluto.

Anche quest'anno (è il settembre del 1994) malgrado la salute del
Nani non sia per niente buona, ha voluto ad ogni costo
organizzare la gita in alto lago. La tensione per timore che si
sentisse male mi ha accompagnata tutto il giorno...

Sbarcati a Careno (per arrivare a case nostra c'è una scalinata) Romano l'ha fatto salire sul trattore accompagnandolo fin sulla porta di casa

E stata la sua ultima uscita ... ricoverato in ottobre all'ospedale è stato dimesso in novembre dello stesso anno, per lui non c'era più nulla da fare. Una broncopolmonite gli ha rubato il respiro, gli ha tolto la vita ... nella notte del nove al dieci di dicembre se ne è andato per sempre nel sonno senza risveglio...

Domenica, il dicembre 1994

Alla cerimonia funebre è presente molta gente : mani che si
tendono a stringere le mie mani, abbracci, parole di conforto, il
ritorno del cimitero con la disperazione nel cuore : mi chiedo se
potevo fare

qualcosa di più per aiutarlo. Ogni giorno la morte bussa alla
porta di qualcuno, ma, quando capita lo smarrimento è totale.
Noi due insieme eravamo una forza... ora non mi sento più
nessuno, è come quando una persona è priva d'identità e non sa
più chi è. Ciò che si prova non si può descrivere quando si è
vissuto con qualcuno dividendo per anni ogni cosa e uno dei due
se ne va per sempre...

Fuori la panchina è vuota, vuoto il giorno e la notte, vuoto il
posto a tavola, vuoto il cuore.

Per circa tre anni ho vissuto come un vegetale, poi un giorno
guardandomi allo specchio mi sono spaventata e un po'
vergognata nel vedere l'espressione del mio viso e la decadenza
fisica.

È stato come ricevere una scossa, ho sentito dentro una specie di
ribellione ed ho fatto un profondo esame di coscienza iniziando a
ragionare con me stessa. Mi sono tornati in mente i miei genitori
e tutto quanto di negativo che è successo in famiglia.

Loro non si sono mai persi d'animo né in inutile lamentele, ma,
si rimboccavano le maniche ogni volta affrontando la realtà con
grande forza e determinazione. Infine il pensiero è andato a mio

marito. Lui ci teneva tanto alla mia tranquillità, aveva fatto di tutto per rendermi la vita serena !

Ho ripreso ad uscire di casa ed a parlare colla gente, ogni giorno vado dalla cugina Liliana a tenerla compagnia, gli amici e parenti mi contattano per telefono e vengono a farmi visita... dentro ho sempre tanta tristezza ma cerco di tenerla nascosta per non pesare sugl'altri.

Il Nani voleva sempre vedermi in ordine, mi compero dei vestiti nuovi. Le cose che ho dentro le metto sulla carta ... pensieri, ricordi per lo più dedicati ai miei cari, è un dialogo muto che ho con loro. Mi fa stare meglio.

Spesso ci arrivano dei segnali ai quali non diamo tanta importanza se pero si riesce a captarli possono, forse, far comprendere meglio certi aspetti della vita. Forse si dovrebbe prestare maggior attenzione a queste "premonizioni" o telepatie che dir si voglia che, senza voler entrare nell'ignoto della natura, possono predisporci ad accettare improvvisi eventi senza esserne sciocccati. Mi viene comunque un dubbio ed è che poi, alla fine ogni essere umano davanti a qualsiasi imprevisto avrà sicuramente una sua reazione... personale!

Ma se questi segnali servono, qualche volta, a tacitare un dolore...ben vengano...

SOTTOVOCE

Sottovoce
udrai giungere da lontano
una nenia
che cullerà le tue notti insonni.
Cogli occhi dell'anima
mi rivedrai nel buio.
Cercherai colla tua mano
la mia impronta sul cuscino.
Forse udrai un sospiro,
o forse nulla udrai,
ma non credere al silenzio,
non credere all'abbandono,
perché noi
non ci lasceremo mai.

Careno, il mio paese

Un piccolo borgo antico (come mi piace chiamarlo) citato nel cinquecento, nelle carte geografiche, col nome di "Cavaneulumm" (luogo di cave). Si trova sulla sponda orientale del lago di Como sul piano del Montecucco, sperone della Preaola.

Abbarbicato sulla roccia a forma di triangolo con le case addossate l'una all'altra con una gradinata che della statale scende fino al lago dove si trova la chiesa di San Martino, gioiello di stile romanico, sicuramente uno dei villaggi più caratteristi del lago, una della ultime oasi di pace.

Guardandolo del lago da l'impressione di un grande uccello colle ali spiegate.

Un tempo (comune a sè) ora è tutt'uno con Nesso.

La chiesa di S. Martino esisteva già nel 1184, quando Papa
Luciano terzo la comprendeva tra le chiese soggette all'arciprete
di Nesso. Era la chiesa della comunità di Careno che rimase
indipendente per tutto il Medioevo.

Soltanto nel 1640 venne istituita la parrocchia, dedicata alla Beata
Vergine Assunta, chiesa barocca che vanta sulla volta del coro
un'affrescatura attribuibile a Gianpaolo Recchi.

Anche l'interno di S. Martino era riccamente affrescato, dietro
all'altare era dipinta una crocifissione con ai lati la Madonna, S.
Giovanni, S. Martino e S. Pietro. Questi affreschi deteriorati del
tempo, lasciano scorgere qualche tratto qua e là.

Gli abitanti sono in numero di 100... 120... sono soprannominati
"I fuit" (le faine) è un' antichissima leggenda ne spiega il motivo:

Si racconta di un parroco venuto dalla città che si trovava
appunto in quel 'epoca a Careno e che poco o nulla sapeva di
cose "campagnole". A quei tempi la porta della chiesa era sempre
aperta, chiunque poteva entrare: bestioline comprese, tipo
scoiattoli, topi e faine. La faina è un animale molto bello con una
splendida pelliccia, ma se entra in un pollaio è la fine dei polli.
Una notte decise di entrare in chiesa e trovandosi a passeggiare
sulla bella tovaglia bianca tutta pizzi antichi pensò bene di
lasciare "ricordini" disseminati qua e là.

Fu così che il parroco entrato in chiesa al mattino presto per la
celebrazione della prima messa rimase perplesso nel notare quel
qualcosa di strano sparso sulla tovaglia dell'altare. Al massimo
della confusione pensò ad un dono del cielo (una specie di
manna) ed ebbe la brillante idea di distribuirle al momento della

comunione ai fedeli sostituendola alla "Sacra Particola". A quel punto i parrocchiani consapevoli a cosa andavano incontro pur di non contrariare la buona fede del parroco ne assaggiarono sputando subito tra le mani.

Giunse al ultimo della fila, inginocchiato davanti alla balaustra, le mani giunte, lo sguardo supplichevole, era il sagrestano (che di cose di campagna s'intendeva) con un fil di voce mormoro: " sciuur curaat am al me ne daga puchin puchin perché de chi stanocc l'è passaa ul fuin".

(signur curato a me ne dia pochino perché stanotte qui è arrivata la faina)

Fu così che venne coniato per i carenesi il soprannome i FUIT.

DEDICATA A CARENO

Scende pian piano la sera
spegnendo del giorno il sereno.
Sotto ad un manto di stelle
al dolce fruscio dell'onda
dorme Careno...
Sul lago riflessi di luci dai mille colori
tessono sogni...
Domani al risveglio la gente
riprenderà a vivere la propria storia
ma, mentre la vita trascorre veloce
e trascina con sé ogni cosa
negli occhi di ognuno di noi resterà
la visione di un cielo sereno
che si specchia in un lago incantato
e ti dona la pace del cuore
che troverai...solo a Careno!

Il lago, un caro amico

Fin da ragazzini i miei fratelli ed io aspettavamo impazienti la belle stagione per tuffarci nelle sue acque. È sempre stato per noi un divertimento unico, mentre la mamma inginocchiata sulla riva lavava i panni senza perderci di vista.

Una passione per il mio lago che dura da sempre e non avrà mai fine. Ogni volta mi accoglie a braccia aperte l'acqua mi accarezza... in quei momenti non penso più a nulla.

Ora c'è una belle spiaggetta dove i bambini nella bella stagione possono divertirsi tranquillamente ma, una volta spuntavano rocce a non finire e non si contavano gli scivoloni che procuravano ammaccature notevoli.

Al di là della spiaggetta c'è una casa circondata da terrazza e a fianco un grande prato verde con vecchi alberi di pini. È la casa dei cugini Dario a Lucio di Como, aperta ogni estate per le vacanze e sempre piena di gente.

A quell'epoca, noi ragazzi del paese, aspettavamo con ansia la riapertura di quella casa per passare il nostro tempo libero nel più assoluto divertimento. Si ballava col grammofono a manovella, si scherzava, si nuotava saltando direttamente della terrazza tenendoci per mano ... una fila di ragazzi scatenati ... un spensieratezza mai più ritrovata. Il tutto sotto l'occhio vigile di Bice, la moglie di Dario ché "pur giovane donna" aveva senno da vendere e ci faceva un po da ... "angelo custode".

Anche Silvano quando veniva dall'Olanda con la famiglia, per le vacanze passava tanto tempo in quel angolo di paradiso. Tant'è che le bambine, Tamara e Nadia fin da piccolissime nuotavano nel nostro lago.

La casa e sempre al suo posto col lago davanti, nel quale si riflette, vanitosa, Dario a Bice sono venuti a mancare. Ora sono i figli Graziella e Alberto coi loro familiari ad aprire la vecchia casa sul lago. Ogni volta che scendo, a riva e mi avvicino a quella dimora non posso fare a meno di ricordare e di commuovermi pensando ai bei tempi passati con tanti amici, molti dei quali, non torneranno più. Non torneranno più le cugine Gandola, le amiche Mazzetti, le compagne di gioventù scomparse prematuramente, non potremo più combinare "allegre cavolate" con altri "compagni di viaggio" ormai giunti alla metà definitiva.

La tristezza profonda che al ricordo di chi non e più pesa sul cuore, è la testimonianza di quanto siano stati importanti per noi.

Portandoli nel cuore non li perderemo mai del tutto!

I miei primi ottant'anni

Ora il passo non è più così spedito "traballa un po" non pensavo nemmeno che mi portasse fin qui. Visto che bene o male ci sono arrivata ho deciso di festeggiare con alcuni parenti e amici questo traguardo; nulla di speciale... un pranzetto alla Trattoria del Porto affidando ad Antonio la scelta del menu che è stato più che soddisfacente. Certo la mancanza di mio marito per me era palpabile ma sono sicura che se lui fosse qui avrebbe voluto questa festa per me. Don Fausto ha accettato il mio invito. Con lui collaboro a mettere insieme il foglietto parrocchiale. Le amiche Anna e ...Anna spesso ci danno una mano con articoli molto piacevoli!

Ciò che scriviamo è quanto succede nel nostro paese. A qualcuno potrà sembrare un po' banale ma è comunque quanto accade tra noi ed è qualcosa che unitamente alle attività diverse svolte dallo Sporting aiuta a "vivacizzare" questo piccolo borgo antico così, con piccole cose alla buona...

Una festa a sorpresa per i miei ottant'anni mi è stata offerta dalla gente del paese con tanto di foto, dedica e auguri sul giornale, rinfresco in canonica e fiori stupendi. Una seconda festa sempre a sorpresa ma questa volta allo Sporting, quando sono stata premiata della Regione Lombardia per una poesia che ha vinto un concorso. La cosa mi ha fatto piacere ma l'imbarazzo e la commozione erano alle stelle. Ma anche il rincrescimento di non avere più accanto mio marito a dividere con lui queste piccole gioie.

Da qualche anno a questa parte, con Fausto, bravissimo fotografo di Careno facciamo il calendario con le sue splendide foto e le mie rime in dialetto.

Ora ho molto più tempo disponibile per ragionare tra me e me e di pregare, la mia fede adesso è "più profonda" e ringrazio Dio ogni giorno per ciò che ho avuto, gioie e dolori, poiché ho vissuto une vita piena. Il dolore quando si riesce ad accettarlo rende più forti al punto di rimettersi ogni volta in discussione.

"Qualcuno" al di sopra di noi ci guida nel giusto cammino ma, bisogna crederci.

Le avversità vanno e vengono … inutile chiudere la porta... Quello che fa veramente male è la cattiveria, la falsità, l'invidia, sentimenti negativi che "stravolgono" e lasciano dentro tanta amarezza ma, anche questo fa parte dell'umanità.

Il "messaggio" della camelia

Un mattino di una ormai lontana primavera, aprendo l'uscio che da sul giardino e mi trovai davanti un grande vaso con uno splendido arbusto di camelia della specie "Japonica" i cui fiori erano quasi tutti sbocciati.

Dopo un attimo di stupore il pensiero andò a mio marito. Non poteva essere che lui a sorprendermi in quel modo, entrai in casa per ringraziarlo del bellissimo regalo che, come lui disse : voleva essere di buon augurio per una "fase" della nostra vita che stava per cambiare. Dopo anni di lavoro fuori paese, finalmente a casa, sperando di trascorrere il tempo della pensione tranquillamente.

L'alberello fu messo a dimora in una delle aiole ed era una gioia per gli occhi ogni volta che si posavano sui fiori. Le aiole si riempivano, man mano di altri fiori, diversi, ma la "camelia" era la più coccolata. Aveva segnato un nuovo modo di vivere all'insegna della serenità. Ora avevamo tempo per fare tante cose diverse come prenderci maggior cura l'una dell'altro, scambiarci impressioni o stare in silenzio fuori seduti sulla panchina lo sguardo fisso sul lago cogliendone i mille riflessi, ammirare splendidi tramonti, l'albero della camelia assorbiva le nostre emozioni.

Era giunto autunno ed era carico di boccioli che si sarebbero aperti da febbraio in avanti. Sereni trascorrevamo i giorni, ma come un temporale improvviso qualcosa di molto triste venne a sconvolgere la nostra "oasi di pace". Da qualche mese mio marito non stava bene, in "quel dicembre" si aggravò, una sera ero uscita in giardino ad accompagnare la cugina Rita che veniva spesso a darmi una mano, fu lei, uscendo del cancello che notò tra le belle foglie verdi due splendidi fiori di camelia completamente sbocciati, cosa che a dicembre non era mai successo! Li raccolsi e li portai a mio marito, era assopito, lo chiamai mostrandole i

fiori, mi guardo senza parlare... Il suo sguardo parlava per lui, solo io potevo capirlo... Se ne andò qualche giorno dopo...

Passò un anno e giunse di nuovo dicembre con il primo anniversario della sua scomparsa, fuori era già buio, accesi il lampione e andai verso l'albero, piangendo accarezzavo le foglie quando qualcosa morbido come velluto incontrò la mia mano... Il cuore prese a battere forte e tra le lacrime lo vidi ... un splendido fiore sbocciato di nuovo a dicembre. Fu in quel momento che recepii il "messaggio" quel fiore sbocciato ancora una volta fuori stagione "doveva" avere un significato: era per me, come se lui fosse tornato per dirmi che non mi aveva mai dimenticato, che potevo ritrovarlo in qualsiasi momento e ovunque.

Sono passati molti anni da quando mio marito mi ha lasciato ma (incredibile ma vero) torna ogni dicembre "in un fiore di camelia". So che è un po difficile da credere e gli amici più vicini a conoscenza di questo fatto ogni volta si meravigliano con me. Sembra una favola ma per me è un piccolo miracolo, sicuramente un messaggio che mi aiuta a vivere meglio con la certezza che al di la di ogni cosa c'è un filo invisibile che ci lega ai nostri cari per sempre !

Il tempo

Ora sta un po esagerando aggiungendo a quelli che ho già, altri anni che mi stanno togliendo "vitalità". Quel poco che riesco a fare è col rallentatore e ogni tanto combino qualche cavolata ... La vista e l'udito sono stanchi di seguirmi peggiorando la situazione, non ho ancora perso del tutto le "facoltà mentali" ma, sarà quel che sarà.

Ringrazio Dio, per essere arrivata fin qui e mi metto in ... lista d'attesa. Comunque finchè mi rimarrà un po di forza cercherò di difendermi reagendo come potrò. Mi è andata bene quella domenica che ho deciso di partecipare alla festa di monte Careno in occasione della benedizione alle cappelletti restaurate. Partenza con Wally sulla jeep di Romano. Dopo la messa celebrata da don Fausto per anni nostro parroco (ed ora trasferito) presente con don Alessandro, le autorità e un sacco di gente una grande tavolata all'aperto con un menu variatissimo ci ha ospitato per un abbuffata in allegra atmosfera che ci ha coinvolti tutti ! Non è mancato qualche scroscio d'acqua (a mo' di benedizione) costringendoci ad aprire gli ombrelli !

A monte ho ritrovato Ezio e Carla e , ogni volta che li rivedo non posso fare a meno di ricordare una gita fatta insieme in montagna quando ancora eravamo a Bellano (unitamente al resto della brigata) durante la quale, un po' accaldati ...i signori uomini hanno pensato bene d'immergersi in un vasca che raccoglieva acqua sorgiva...

Ne sono usciti che "sbarbelavano" a più non posso.

Mi e tornato in mente anche quando sono stata a monte, col Nani e il Rex, sempre con Romano, mio marito era felice per aver raccolto tanti funghi chiodini.

Pranzi e cene ... all' aperto

Nella bella stagione si mangiava fuori, in terrazza, a puntate poiché la gente che passava si fermava a far due chiacchiere, il bello era quando arrivava l'amico pescatore Osvaldo, quando lui e il Nani parlavano di pesca attaccavano certe file di bottoni (da aprire una merceria). Il cugino Mario, detto Pulce d'estate abitava nel suo appartamento sopra di noi... con lui c'era sempre un dialogo aperto, uno scambio di battute divertenti che mettevano di buon umore, era molto simpatico e andava d'accordo con tutti, ogni tanto con la moglie Ada e il figlio Franco ne parliamo, ci viene spontaneo ricordarlo.

Anche Pierino da qualche anno ci ha lasciato, faceva la sua passeggiata giornaliera fino al lago e tornava verso sera .. si sentiva solo la sua voce chiamare la gente per nome e salutare con un ciao ...

Amo il mio paese e la sua gente ed ogni persona che se ne va prima di me è "qualcosa di me che se ne va".

L'archivio dei ricordi

È quasi colmo difficilmente troveranno posto altri ricordi ma mi bastano quelli che ho. Sono tutti preziosi, dal più piccolo al più importante perché vissuti intensamente quando ancora non erano tali.

Lo scrittore Enzo Biagi diceva che: una vita senza ricordi è come "non averla vissuto affatto". Io ne ho parecchi: festosi, malinconici, dolorosi, tristi e ... così così...

Proverò a pescarne qualcuno alla rinfusa ... ne è uscito uno festoso che riguarda una cena sotto le stelle nel pratone di Dario a Porgesa per il matrimonio di Tamara e Keis (Kees) con un sacco di amici venuti appostamento dall'Olanda. Continuo a pescare, è la volta dei veglioni di capodanno, le sagre paesane ma c'è anche la gara di pesca alla trota... il tiro al piattello...l'amico Michiel, che seguiva il Nani in cucina per rubargli i segreti dell'arte culinaria...mi fermo qui, ho paura di pescare qualcosa di triste e ...non voglio più piangere...

Famiglia di donne

Sono una zia con nipoti, femmine, oltre a Manuela e Moira figlie di Gianmario ci sono Claudia, Jessica, Consuelo, i suoi genitori sono Manuela e Martino. Tamara a Nadia figlie di Silvano, Mara e Silva le bimbe di Jimmi e Nadia.

È il caso di dire che la famiglia Gandola, in espansione , è delle donne.

"Lo spiritello della ribellione"

Per me è ora di tirare i remi in barca: ho avuto una vita piena con alti a bassi, ho iniziato presto a camminare e, passo dopo passo ho fatto una lunga strada, ora sono stanca, molto stanca, ogni cosa che faccio mi costa fatica e la voglia di "lasciarmi andare" è grande...ma... lo spiritello della ribellione (o sarebbe meglio dire: dell'incoscienza) mi sprona continuamente a fare cose che non dovrei (data l'età avanzata).

Il guaio è che io l'ascolto...non mi resta che dire "finchè la barcha la va..."

È ottobre inoltrato del 2008, fuori una voce mi chiama: ragazza sei pronta?! È la voce "del vulcano Germa", scendiamo al lago, oltre al pratone di Dario sotto alle pareti rocciose c'è una casetta in miniatura, dall'acqua spuntano rocce, la scenografia è stupenda, il lago invitante, liscio, con un gioco di luci che non esiste da nessuna altra parte.

Ci "caliamo" nell'acqua "gelida" per una ultima nuotatina di fine stagione. Ne usciamo rigenerate...!

Per questa volta è andata bene!!!

Mio padre

Era un uomo tutto d'un pezzo (come si vuol dire) lavoratore instancabile, carattere brusco, cuore grande ... cacciatore e pescatore nel tempo libero, un po per passione un po per necessità dati i tempi di ristrettezze in cui si viveva.

Severo con noi figli ma pronto a qualsiasi sacrificio per procurarci il necessario specialmente nel periodo difficile e doloroso della guerra.

E morto a sessant'anni in una gelida alba di febbraio del 1956. I versi che seguono, in dialetto, sono per lui.

Un'alba de febraar
un frecc che trapassa i oss
ul to' respiir... quasi nagót
e nun inturnu al lecc
per viv cun ti... i ultim minut
e insema a ti e a nun "quell'umbria"
negra m'è un uselasc
prunta a ghermì la preda...
l'ho pregada in ginocc:
va via de chi ... torna tra un quaj ann
lassa che i so'occ
vedan ammò ul laagh e i muntagn...
ma "Lee" sorda a la mia preghiera
l'ha ma faa capi (che ul temp l'era scadüü)
De quel di, te pu' vist riva' la sera
quand l'è 'ndada la purtàa via anca ti...!
Che frecc dent in di oss
ul to' respiir...pù nagot...

La mamma

Era bella occhi scuri espressivi, una bella carnagione, di carattere dolce gentile con una pazienza incredibile e una forza d'animo notevole. Ha sofferto molto per le disgrazie e dispiaceri che la vita "ci regala" inevitabilmente, ma non ha mai perso la fede e accettava tutto con grande dignità e rassegnazione.

I suoi saggi ammonimenti mi sono serviti moltissimo.

A MIA MADRE

Le tue lacrime, ora che non sei più
si sono trasformate in stelle
ed io la notte scruto il cielo
in cerca di quelle che hai versato per me
Brezza leggera, sono i tuoi sospiri
che mi sfiora il viso, come una carezza
Nella natura che si risveglia
è il tuo sorriso
Nella rabbia del vento... il tuo dolore
per quel che il destino ti ha tolto
o non ti ha dato...
Non hai più parole
sei ombra vagante che scende alla sera
e rimane a vegliare... ansie notturne
Sei fiaccola accesa che mai si spegne
al tuo ricordo il cuore si placa
serena è l'attesa...

I fratelli scomparsi

A MARINO

Il riso negli occhi e sulla bocca
La testa piena di sogni
i giochi ... ancora da giocare
Ma che e`stato. .. ?
Chi ha osato strapparti alle illusioni
a tutto ciò che la vita
non ti aveva ancora dato ?!
Erano poche le tue primavere
dissolte come neve al sole !

A Diego

Come un albero in pieno rigoglio
nel cuore le speranze desideri
pronto a vivere la tua giovinezza
Ma il tempo non c'è stato
quando una raffica ti piegò
in quella terra straniera
oscurando ai tuoi occhi
ogni cosa
la lunga notte ti fece da madre
e ti cullò pietosa

A Silvano

Giunto a metà cammino
ti attendeva l'Ombra.
Tu che amavi vivere
tu
che come rondine al nido
ogni anno tornavi
e
felice d'ogni piccola cosa
mai nulla chiedevi
tu
che speravi in un lungo domani
ti perdesti nel buio della notte
dove l'ombra ti attendeva ;

Per Mara

Nel giardino della vita
un piccolo seme vagava smarrito
senza una meta.
Guardava incantato
i mille colori dei fiori,
del cielo, del mare.
Volava ... volava tra nubi leggere
Alfine era stanco
voleva dormire
ma non sapeva dove posare!
L'accolse un cuore di donna
e in quella culla colma d'amore
si adagio felice...
Per lungo tempo dormi
e quando fu primavera
in quel giardino

che era un "grembo di sposa"
da quel piccolo seme
sboccio`una splendida rosa!
(dedicata a Mara)

A SILVA

Smagliante aprile
vestito a festa
dai vita
a fiori e frutti
con rinnovata meraviglia!
Rondini e farfalle
danzan festose
nell'aria profumata
di viola e di giunchiglia...
Ma fra tante cose belle
che Tu ci hai donato
la più bella e più gradita

e`SILVA!

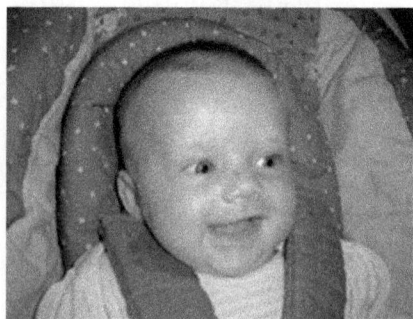

73

Per mio marito

Cercami

Quando non ci sarò più
cercami tra i fiori,
li mi troverai.
Quando non ci sarò più
ascoltami nel vento,
ti porterà la mia voce
tu mi sentirai.
Quando non ci sarò più
cercami nella pioggia,
ogni goccia che cade
ti porterà un pensiero.
Cercami nelle strade
che percorremmo insieme,
mi troverai in ogni sentiero
Quando non ci sarò più
cercami nel lago che amo tanto
per la pace che mi dà,
per l'incanto.
Cercami nel piccolo giardino:
li mi troverai china sulle aiuole
a te vicino.

Avevo scritto questi versi per mio marito quando lui era ancora in vita, nel caso che me ne fossi andata prima di lui ma il destino ha disposto diversamente...

Ora sono io a cercarlo...ovunque...Bruna Gandola Zambra

Passo dopo passo

Bruna, Tamara e Keis (Kees) nella Trattoria del porto per gustare un pranzo a base di pesce. (estate 2006)

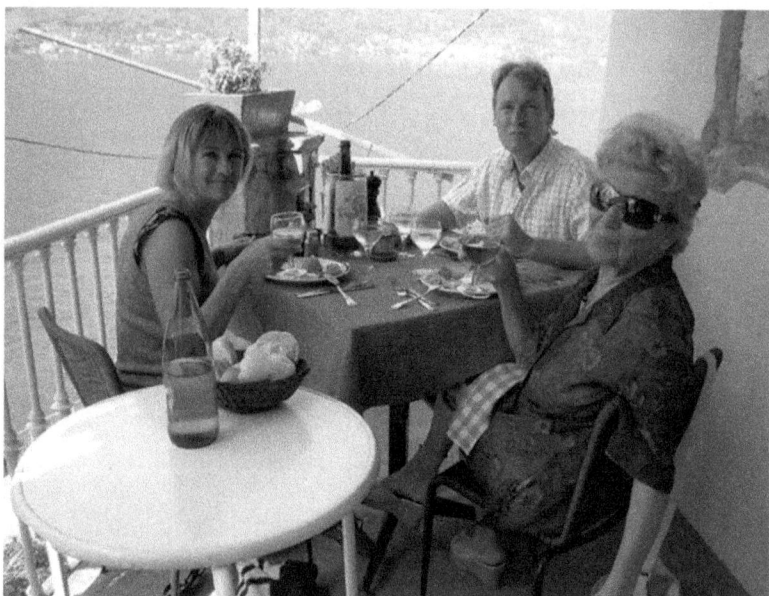

www.ingramcontent.com/pod-product-compliance
Lightning Source LLC
Chambersburg PA
CBHW030758150426
42813CB00068B/3213/J